RÉPONSE

DE

BOUCHER-RENÉ

AUX

Dénonciations faites par le Conseil général du 10 Août 1792.

PAR deux Décrets des 24 et 28 de Novembre
dernier, la Convention nationale, en ordonant
de completter le Corps municipal, a fait renou-
veller tout le Conseil général de la Comune ;
en sorte que celui du 10 Août s'est trouvé impli-
citement suprimé. Il lui étoit impossible de s'ex-
haler en reproches contre la première des autorités constituées : il a donc suposé que c'étoit
le Corps municipal qui avoit demandé cette réforme. Mais le moyen de chagriner, de persécuter
tout un corps ? il a trouvé plus facile de s'achar-
ner contre le Président, dont je faisois les fonctions en même tems que de Maire par *interim*.

Tel est l'esprit dans lequel le Conseil général
du 10 Août m'a dénoncé aux 48 Sections. Qu'on

A

juge par-là de l'exactitude des faits dont sont tissues les dénonciations, et de la solidité des preuves qui les apuient. Mais qu'en même tems on me plaigne d'être obligé de montrer ce célèbre Conseil général animé d'une autre passion, que celle du bien public, dont il fut transporté pour déthrôner le tyran et fonder la République.

APRÈS plus de trois semaines de suspension, le Corps municipal, ou ce qui restoit des 48 Officiers municipaux, fut renvoyé dans ses fonctions par un Décret de la précédente Législature. Il s'en montra d'abord 10 ou 12 aux premières séances de ce corps en Septembre : puis d'autres vinrent s'y réunir dans le courant d'Octobre. Mais, à-cause des ocupations presque continues des 8 Administrateurs encore existans, les séances n'étoient presque jamais composées que de 11 ou 12.

Les afaires s'acumuloient sur le Bureau ; les comissions au dehors se multiplioient ; tout languissoit ; le public soufroit : la réélection de toute la Municipalité ne faisoit que de comencer : près de 3 mois devoient s'écouler, avant que les longues élections aboutissent à un renouvellement complet.

Le Corps municipal aréta donc de demander

(3)

à la Convention nationale une loi, qui près=
crivît le moyen de completter promtement par
provision le Corps municipal, en faisant briève=
ment élire ce qui manquoit des 48 Municipaux.
Je rédigeai l'adresse, qu'adopta le Corps muni=
cipal par un arété. Ici comencent les dénoncia=
tions.

L'OBJET, dit le Conseil général du 10
Août, a été de renvoyer les homes du 10 Août.

D'abord on ne devroit pas m'en acuser, moi
Président du Corps auteur de l'adresse, moi
simple organe de cette assemblée délibérante,
moi qui conséquemment n'ai pas même ocasion
de mêler ma voix à celles que je recueille et que
je compte.

Au fond le Corps municipal n'a pas demandé
la réforme du Conseil général ; moi-même je
n'en ai pas seulement eu l'idée. Au contraire
les deux moyens proposés de completter le Corps
municipal suposoient la continuation d'exis=
tence du Conseil général du 10 Août. L'un
étoit de rapeler au Corps municipal ceux des
96 anciens Notables qui, après les 48 Munici=
paux, avoient eu le plus de voix dans les procès=
verbaux d'élection de ces Municipaux : car les
48 avoient été collectivement élus par les 48

A 2

(4)

Sections come le Maire ou le Procureur de la Commune ; et, outre les 48 Citoyens les plus forts en voix dans ces procès-verbaux d'élection, plufieurs autres entre les 144 Citoyens, que les Sections avoient només à raison de 3 chacune, étoient désignés pour les places de Municipaux : mais, ayant eu moins de voix que les 48 premiers promus aux fonctions municipales, ils étoient restés simples Notables, avec l'espoir de devenir Municipaux à la vacance de chacune des places municipales : or c'étoient ces Notables, au nombre seulement de 26, qui auroient completté le Corps municipal alors réduit à 22. Dans ce cas donc le Conseil général du 10 Août auroit continué d'exister augmenté du nombre de 48 Municipaux.

. La seconde manière d'avoir ce nombre complet de Municipaux, consistoit à autoriser le Conseil général du 10 Août à s'assembler avec les Municipaux restans, pour élire les 26 Municipaux manquans, qui auroient été choisis parmi les 288 Notables ou Comissaires représentans des 48 Sections : c'étoit bien assurément compter sur l'existence prolongée du Conseil général du 10 Août ; et c'étoit précisément ce que demandoit le Corps municipal dans son adresse à la Convention nationale.

L'OBJET, dit la dénonciation, étoit de rétablir la Municipalité du 20 Juin, de conserver les Oficiers municipaux pendant un an dans l'exercice de leurs fonctions.

L'adresse du Corps municipal dit précisément le contraire : elle est même donée dans la suposition que la réélection définitive dureroit encore plus de deux mois ; et c'étoit pour parer aux inconvéniens d'un Corps municipal, réduit à moins de moitié et presqu'à l'inaction durant ce tems des élections, qu'il recouroit au pouvoir créateur réservé à la Convention nationale : il ne vouloit donc exister encore, mais en pleine activité, que pour 2 mois et non à perpétuité.

VOUS VOULIEZ, dit-on, faire reparoître des Municipaux, 10 lâches individus qui avoient trahi la chose publique.

Et l'on en nome un entre autres qui s'est justifié en public dans ce Conseil général même, peu avant la levée de sa dernière séance. Sans doute que les 9 autres ne sont pas plus coupables : en tout cas, n'étant ni jugés ni condamnés pour forfaiture, ils avoient nécessairement été rétablis dans leurs fonctions par le Décret du précédent Corps législatif : et il étoit impossible au Corps municipal de ne pas les compter au nombre de ses membres.

POURQUOI DONC, sans cela, continue la dénonciation, auriez-vous anoncé d'abord 12 Membres encore en fonctions, et avez-vous obtenu un second Décret qui en supose 22 en exercice ?

C'est que le Corps municipal n'avoit d'abord compté que le nombre de ceux qui formoient ses séances : ils n'étoient presque jamais plus de 11 ou 12, à-cause des 8 ou 10 Administrateurs restans, que le travail de chacun dans son bureau empêchoit de venir assiduement aux assemblées. Mais, énumération ensuite plus exactement faite de tous ceux qui tantôt les uns, tantôt les autres assistoient aux assemblées du Corps municipal, il a bien falu se retirer au Comité de Législation, pour engager ainsi la Convention nationale à coriger l'erreur de nombre où on l'avoit induite : et le second Décret interprétatif n'a pas dû faire dificulté, le principe décrété d'abord restant toujours le même au milieu de simples variations de nombre.

BOUCHER-RENÉ ment à la Convention nationale, en disant que les homes du 10 Août n'étoient pas 40 pour completter le Corps municipal.

Le Corps municipal, et non Boucher-René

qui n'étoit que son Président, a dit un fait no-
toirement vrai, puisque l'adresse ne citoit que
les Assemblées du Conseil général, où, depuis la
mi-Octobre, on n'a jamais vu à ses séances qu'en-
viron 30 ou 40 Membres. On ne comptoit pas
ceux du Conseil du Temple et des autres Com-
missions : le Corps municipal n'y voyoit pas
plus de facilité d'adjoindre des remplaçans au
Corps municipal.

IL MENT encore, en suposant que nous,
qui avions eu des pouvoirs illimités pour sauver
la Patrie, nous n'en avions pas de nos Sections.

Le Corps municipal n'a pas dit un mot de
l'étendue de ces pouvoirs, vrais élémens de la
République : il a fait observer en la forme seulement que les procès-verbaux d'élection des 288
Comissaires de Sections étoient propres chacun à chacune ; que les élections n'avoient pas
été faites de chacun d'eux par toutes les Sections ensemble ; et qu'ainsi l'on n'y pouvoit
pas faire le calcul du plus ou moins de sufrages
de toute la Comune réunis sur la tête de
chacun des Comissaires du 10 Août. D'où il
suit qu'ils n'étoient pas l'un plutôt que l'autre
apelés de droit à remplir aucune des places de
Municipal vacantes : c'est pourquoi le Corps

municipal à ce dernier effet prioit la Convention nationale d'autoriser le Conseil général à nommer, par voie de nouvelle élection dans son sein, des Membres en nombre égal aux places municipales nécessaires au complettement de ce Corps adminiſtratif.

Toutes les réponses que je viens de faire à l'imputation tant d'une demande en réforme du Conſeil général du 10, que de l'emploi de moyens imposteurs propres à la procurer, sont prouvées par la lecture de l'adresse même, dont le brouillon original repose autentiquement au Secretariat-Greffe de la Municipalité : et je défie quiconque y aura recours de démentir ce que je viens d'en extraire.

MAIS les 10 Municipaux, qu'a reproduits le Corps municipal depuis le 1er Décret du 24 de Novembre, étoient des lâches qui pour la plupart, ainsi que Boucher-René, avoient trahi la chose publique et abandoné leur poste.

A mon secours, à mon secours, citoyen Pétion. Si je suis un lâche, si j'ai trahi, si j'ai déserté, tu ès aussi un lâche, un traître, un déserteur. Car je ne t'ai jamais quité, ni avant le 20 Juin, ni le 20 Juin même, ni la nuit et la matinée du 9 au 10 Août. Tu n'as pu t'empêcher de l'atester, par un acte du 4 Décembre présent mois qui sera imprimé à la fin de cet écrit. Le danger, que j'avois partagé avec le Maire dans le Jardin des Tuileries, étoit bien connu de ma Section même de la Croix-Rouge, lors qu'à 7 heures du matin je me présentai à mes concitoyens assemblés : ils ne m'aprirent la suspension de la Municipalité, qu'en me donant un arrêté le 10 Août, par lequel ils recomandoient, au nouveau Conseil général, de me conserver parmi eux come bon citoyen et zélé patriote. Je ne finirois pas, si je citois et l'Assemblée électorale de 1790 et celle de 1791 et le Club de l'Evêché et le Club des Amis de la Liberté et les Assemblées générales de la Comune, come autant de témoins de mes vociférations contre la Cour, de mes anathêmes contre la royauté, de mes sorties contre leurs fauteurs, de mes vœux pour la République, de mes homages à la souveraineté du peuple, de mes sollicitudes et non pas de mes sacrifices (ma fortune est trop bornée), mais de mes travaux pour avancer le bonheur général.

Enfin il y a plus de trois semaines que j'ai envoyé, au citoyen Gorsas Député, mon opinion sur le procès à faire à Louis Capet; je priois cet illuftre écrivain de la faire imprimer, si elle ne déparoit pas son excellente feuille : comê j'ignore s'il l'y a insérée , je la donerai à la fin de cet imprimé, afin qu'on voye come je me cômplais à nourir, par la réflexion, ma haîne naturelle pour l'efpèce de tigre qu'on apelle royale.

AUTRES dénonciations. J'ai refusé des mandats d'arrêts , contre un faux monoyeur de Pérone et contre trente-trois forçats échapés de la chaîne.

Premiérement les Administrateurs au Département de Police, ou, pour les mieux désigner, le Comité de furveillance séant à la Mairie m'a présenté pour pièces les lettres d'envoi, faites au Corps municipal par la Municipalité de Pérone et par le Ministre de la Marine ; je ne me rapelle pas bien le fait de ces dépêches ministérielles. Mais je sais que le Corps municipal , par ses arétés, a renvoyé les deux afaires au Département de Police, parce qu'il s'y trouvoit des mandats d'arrêt tant du Directeur du Juré de Pérone que d'un autre Juge criminel de Département : après ce renvoi, les Administrateurs de la Police m'ont demandé de nouveaux mandats d'arrêt, que j'ai refusés, ne restant autre chose à faire que de découvrir dans Paris les prévenus, et, par-tout où on le

(11)

trouveroit, de faire mettre à exécution, contre eux, les mandats originairement lancés par les Juges des autres Départemens. En effet, suivant les nouvelles Loix ennemies de l'ancienne Jurisprudence fiscale des Chancelleries, ces mandats d'arrêt étoient exécutoires dans toute l'étendue de la République, sans *pareatis* ni comission rogatoire : or l'exécution aloit toute seule, en sortant de la main des Administrateurs, qui n'a qu'à s'ouvrir pour répandre à flots préposés, observateurs, gendarmerie : là-dedans n'est pour rien le ministère du Maire ou de celui qui en fait les fonctions.

Mais en deuxième lieu y eût-il eu besoin de mandats d'arrêt, ni moi ni le Comité de mes quatre collégues municipaux n'auroient pu acorder ces mandats. Depuis que la Patrie est déclarée être en danger, une Loi fut portée le 11 Août 1792, *qui charge spécialement les Municipalités des fonctions de la Police de sûreté générale.* Est-ce à cause du crime de fausse monoie, ou du crime de bris de fers par des galériens, que la Patrie avoit été déclarée être en danger? Certes auparavant et de tout tems il y avoit eu de ces crimes qui troubloient la société : la conoissance en apartenoit aux Tribunaux ordinaires, et jamais aux Corps administratifs tels que les

Municipalités. Naturellement ceux-ci n'ont eu que par circonstance une juridiction coactive !

Aussi la Loi art. Ier. « ne les charge spécia-
» lement des fonctions de la Police de sûreté
» générale, que pour la recherche des crimes
» qui compromettent soit la sûreté extérieure
» soit la sûreté intérieure de l'Etat, et dont
» *l'acusation EST RÉSERVÉE à l'Assemblée na-*
» *tionale* ». Les Législateurs ne s'étoient jamais
réservé l'acusation ni des faux monoyeurs ni
des galériens ! ils savoient très-bien que tout
crime ataque la sûreté publique, mais avec cette
différence ! la plupart des délits menacent la
sûreté publique en blessant les particuliers ;
quelques autres nuisent aux particuliers en ébran-
lant la sûreté publique : les premiers sont délits
privés ; les seconds sont crimes publics : on les
distingue aisément par la définition inverse des
uns aux autres ! complots, conjurations, cor-
respondances avec les émigrés, rassemblement
d'aristocrates, coalition de valets de cour et
de soldatesque de liste civile, voilà les crimes
contre lesquels, par les Loix de Police de sûreté
générale, les Municipalités furent armées de la
massue patriotique apelée mandat d'arrêt. Je n'ai
jamais acordé d'autres mandats ; et je n'aurois
pas pu faire concourir, à la poursuite des délits

(13)

privés mes quatre collègues municipaux, aussi
atachés que moi aux réglemens limitatifs des
pouvoirs constitués.

Au surplus, si mon respect pour la compé-
tence, premier linéament de l'ordre social, si
cette marche religieusement resserrée dans les
limites de la nouvelle autorité municipale, si
l'humble sentiment de ma force coërcitive m'a
égaré, je me féliciterai d'avoir évité l'excès contraire, cette enflure qui trop souvent fait déborder
certaines fonctions publiques et submerger les autorités voisines et même supérieures : ce seroit ma
seule consolation, dans le compte que sur ma res-
ponsabilité me demanderoit soit le Département,
soit le Pouvoir exécutif, soit la Convention nationale, les seules puissances à qui je sois comptable
des refus de mandats d'arrêt qu'on me reproche.

RÉPONDRAI-JE à l'accusation d'avoir
quitté le fauteuil dans la séance du nouveau
Conseil général tenue dimanche dernier 2 du
présent mois ?

Il est vrai que, vers neuf heures du soir suivant ma coutume, à-cause et de l'éloignement
de ma demeure et d'un nouveau coup-d'œuil
nécessaire sur les bureaux de la Mairie, je me
suis retiré quelque tems avant que je fusse apelé

au scrutin épuratoire, à ce scrutin contre lequel je m'étois élevé de toutes mes forces au comencement de la séance, à ce scrutin qui non-seulement violoit les loix, mais en tarissoit la source, en empiétant sur les droits du peuple, à ce scrutin que, par un nouveau décret du 5 de ce mois, a proscrit la Convention nationale, organe et conservatrice de la souveraineté de la nation. Je me manquerois à moi-même, si j'ajoutois quelque réflexion à la réponse qu'a faite, en faveur de mon système, la premiere des autorités constituées.

ENFIN, me dit-on, vous avez beau citer, prouver et des discours et une conduite irréprochable en saine politique; vous n'êtes pas, jamais vous ne fûtes aristocrate, mais vous êtes un *modéré.*

J'avois toujours cru qu'en bonne philosophie, la modération étoit le maintien de chaque chose en son intégrité naturelle : en sorte que, suivant moi, le républicanisme modéré étoit l'amour de ce qui est vraiment république, sans être moins ou monarchie, ni plus ou anarchie. Mais on m'a remontré, du haut d'une tribune, qu'il ne faloit pas se courber sous le joug de la loi, qu'il faloit tête haute la fixer : aussi fais-je pour être plutôt prêt à lui obéir : car je ne conois que ce moyen d'ensevelir la Royauté, de fonder la République, et d'assurer, non pas le principe si évident , mais l'exercice de la souveraineté du peuple : qu'est-ce en effet que la liberté? qu'est-ce que l'égalité? si ce ne sont les mouvemens uniformes et réglés que les loix impriment toujours aux droits, quelque fois aux prétentions de chacun des Citoyens indistinctement.

BOUCHER-RENÉ.

PIECES JUSTIFICATIVES.

N°. I.

JE soussigné certifie que, pendant tout le tems que j'ai exercé les fonctions de maire, le Citoyen BOUCHER-René s'est conduit au Corps municipal en véritable ami de la liberté ; qu'il n'a cessé d'opiner avec ceux qui défendoient les bons principes ; qu'il s'est élevé contre les trahisons de la Fayette ; qu'il a été un des partisans les plus zélés de la fête des Suisses de Chateauvieux ; que dans la nuit du 9 au 10 Août il ne m'a pas quitté ; que du château il s'est rendu avec moi à la maison comune , d'où il est également sorti avec moi sur les cinq heures du matin ; et que j'ai toujours reconnu en lui un home plein de probité, d'honneur et de désintéressement : ce sont-là les motifs qui m'ont déterminé à l'indiquer au Conseil général du 10, pour me succéder par *interim*. Paris le 4 Décembre mil sept cent quatre-vingtdouze, l'an premier de la République.

Signé PÉTION.

N°. II.

RÉFUTATION de la plus forte objection contre le procès à faire à Louis le dernier,

Envoyée dans le courant de Novembre, au citoyen Gorsas député, pour être imprimée dans son journal.

UNE longue suite de têtes couronées impose à beaucoup de ceux qui veulent aborder le plus fameux procès, dont l'univers ait jamais été témoin : c'est au contraire pour d'autres une occasion de faire parade de l'espèce de courage, que comporte la controverse, où l'on prend la précipitation pour sagacité, et la rigueur des décisions pour austérité de principes.

Ni l'une ni l'autre de ces dispositions d'esprit n'est celle qu'exige l'examen de la question suivante,

Louis XVI doit-il subir un jugement capital ?

Le ci-devant Roi, convaincu d'avoir trahi la nation, est déchu du thrône, aux termes de l'article VI, section I, chapitre II, titre III de la constitution : voilà toute la peine qu'il a encourue suivant la loi positive citée. Avant ce

Décret, il étoit sujet à la peine de mort, que portent la loi naturelle et le droit des gens, contre tout traître qui veut ruiner son pays et en exterminer les habitans. Louis XVI, quoiqu'alors Roi, n'auroit pas pu se prévaloir d'un droit de naissance, ni d'une prérogative royale, sans la précédente constitution décrétée en 1789. Dès le 14 Juillet de cette année, le thrône héréditaire fut battu en ruine en même tems que la Bastille qui le soutenoit : on fut en droit de le constituer Roi avec création des priviléges de représentation nationale et d'inviolabilité personnelle : la rédaction de cette loi constitutionnelle dura deux ans et demi : dans cet intervalle, tout crime étoit imputable, toute peine étoit passible pour Louis XVI; car il étoit placé entre la révolution et la constitution.

En Septembre 1791, la loi acheva d'être, non pas établie, mais écrite. Pour qu'elle eût été véritablement établie, il faudroit premièrement que Louis XVI eût accepté les articles de cette constitution qui renfermoient le mandat de royauté à son profit; et en second lieu qu'il n'y eût eu, de la part de nombreuses classes d'habitans, aucune espèce de réclamation ou de conspiration. Mais d'une part Louis n'a feint d'accepter que pour tâcher de détruire; et de l'autre il a falu, contre

les dissidens, porter autant de Décrets conserva-
toires qu'il y avoit d'ataques ruineuses. Ainsi la
constitution, comencée en 1789, n'a jamais fini,
jamais été consomée. Or une loi n'est décisio-
naire que pour le tems postérieur à sa conso-
mation, jamais pour celui durant lequel on la
rédige. Donc l'article VI portant, en cas de trahison, déchéance de la couronne, n'est pas, ne
fut jamais une disposition légalement dérogatoire
aux loix antérieures. En effet, tant qu'on est
contraint de combattre sur les fondations pour
ainsi dire d'une loi, l'édifice ne s'achève pas; il
il n'y a pas de loi.

La partie du code constitutionel, qui, après
avoir déféré la couronne à Louis XVI, l'en
prive en cas de trahison, ne pouvoit faire loi
qu'après l'espèce de contrat qu'elle lui offroit à
souscrire, tel que le mandat de royauté en sa
faveur; et, come son délit, ses trahisons con-
sistent même en toutes les manœuvres, qu'il a
employées pour ne pas souscrire aux modifica-
tions de la royauté qu'on lui déféroit, il s'ensuit
qu'il ne peut pas prendre droit de la nature de
la peine, que prononce la loi dont en ce point fait
partie le mandat de royauté : donc on ne doit
pas tabler sur l'article cité, pour décider d'une
poursuite extraordinaire contre le ci-devant Roi;

donc on ne peut pas borner à la simple perte de la couronne la peine due à ses crimes; donc il doit être livré aux tribunaux ordinaires de la justice, pour être jugé suivant les règles du code pénal ou plutôt du code de la nature.

Quoi de plus singulier que de prétendre qu'une loi renferme des dispositions pénales contre ceux qui en troublent pour ainsi dire l'enfantement ? coment ne voit-on pas que le fameux article cité supose la loi établie, régnante même depuis un certain tems; et qu'elle ne s'arme de sévérité que contre les perturbateurs du calme qu'elle aura établi ? Donc cet article ne s'adresse pas au traître qui empêchoit l'établissement même de la constitution : donc les perfidies du ci-devant Roi doivent être taxées par un tarif de peines antérieur à la constitution ; donc il doit être traduit en justice réglée ; donc il doit y subir un jugement **CAPITAL.**

BOUCHER-René.